I0123127

PUBLICATIONS DE LA RÉUNION DES OFFICIERS

MÉLANGES MILITAIRES

(2e SÉRIE)

XIII

RÈGLEMENT

DU 24 OCTOBRE 1872

RELATIF AU SERVICE

DES HOPITAUX MILITAIRES

EN PRUSSE

Traduit de l'allemand

PAR

LE Dr MORACHE

PARIS

Ch. TANERA, ÉDITEUR

LIBRAIRE POUR L'ART MILITAIRE ET LES SCIENCES

Rue de Savoie, 6

1873

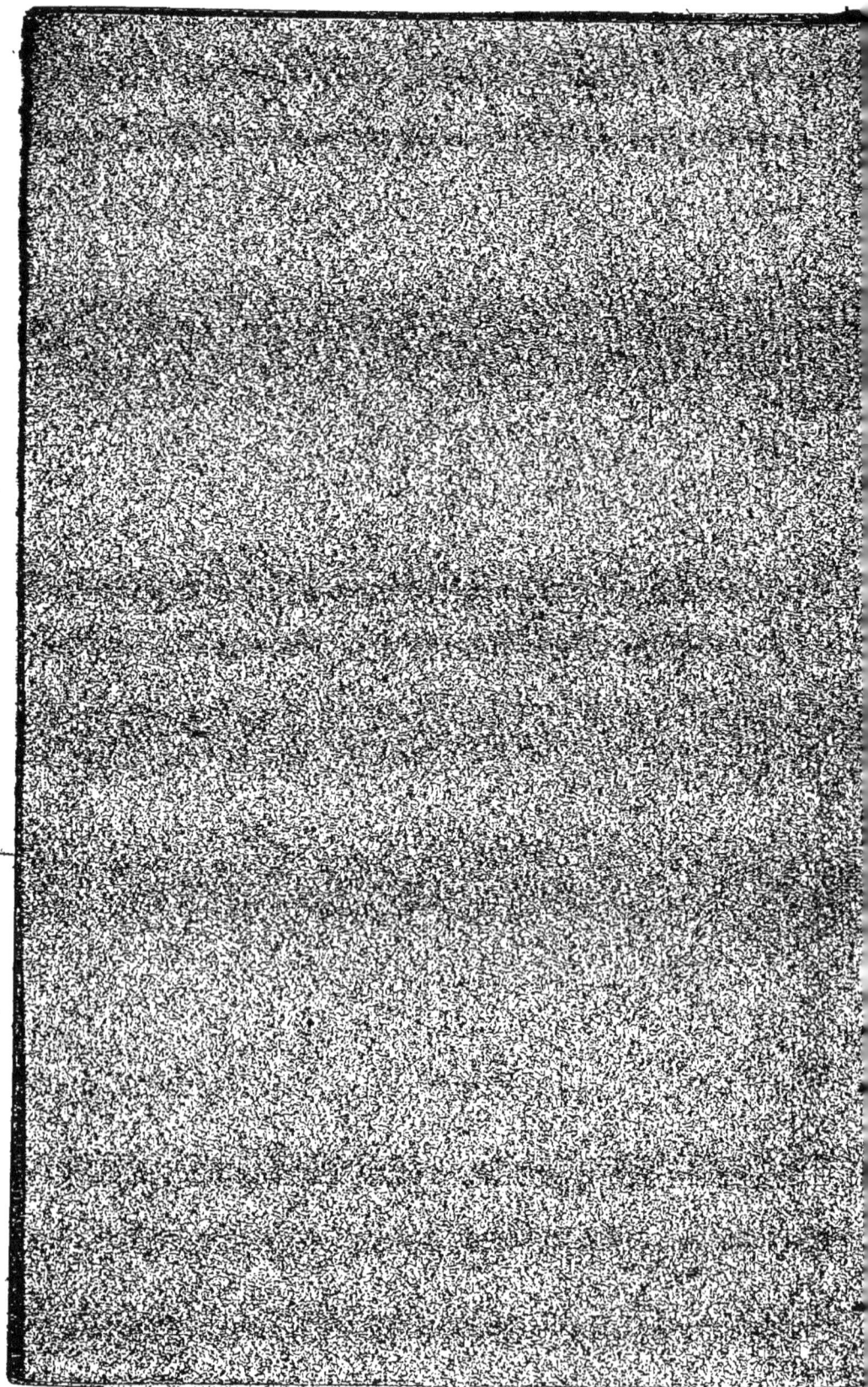

RÈGLEMENT

RELATIF

AU SERVICE DES HOPITAUX MILITAIRES

EN PRUSSE

MÉLANGES MILITAIRES

PREMIÈRE SÉRIE

CONTENANT

LES PRINCIPAUX ARTICLES PUBLIÉS

DANS LE

BULLETIN DE LA RÉUNION DES OFFICIERS

EN 1871 ET 1872

5 VOLUMES PETIT IN-8° CARTONNÉS

Prix : 25 fr.

Il ne reste qu'un très-petit nombre de collections complètes.

73 — Paris, imp. A. Dutemple, 64, rue Bonaparte.

(C.)

PUBLICATION DE LA RÉUNION DES OFFICIERS

RÈGLEMENT

DU 24 OCTOBRE 1872

RELATIF AU SERVICE

DES HOPITAUX MILITAIRES

EN PRUSSE

Traduit de l'allemand

PAR

LE Dr MORACHE

—{◦◦◦}—

PARIS

CH. TANERA, ÉDITEUR

LIBRAIRIE POUR L'ART MILITAIRE ET LES SCIENCES

Rue de Savoie, 6

—

1873

RÈGLEMENT

AU SERVICE DES HOPITAUX MILITAIRES

EN PRUSSE

Article I. Les commissions de lazarets, chargées jusqu'à présent de la direction des hôpitaux de paix, sont supprimées. Les hôpitaux de paix seront placés sous la direction de médecins en chef ; ces officiers n'en continueront pas moins à remplir les emplois de médecins de corps ou de médecins de garnison.

Article II. Les médecins en chef seront subordonnés au commandement général, au médecin général du corps d'armée et à l'intendance du corps d'armée, ainsi que l'étaient les commissions de lazarets.

Le médecin en chef conservera vis-à-vis du corps de troupe dont il fait partie la situation qu'il occupait précédemment. Néanmoins le commandant en chef peut, sur la proposition du médecin général, décharger le médecin en chef d'une partie des fonctions qu'il aurait à remplir auprès de son régiment et, s'il y a lieu, les confier à un autre médecin.

Article III. Le commandant de la garnison ou, à défaut, le plus ancien officier en faisant fonctions, est investi de l'autorité disciplinaire sur le médecin en chef et le personnel du lazaret. (Article 19 de l'ordonnance sur l'organisation du corps de santé ; articles 6, 16, 19 de l'ordonnance sur la discipline générale de l'armée.) Le commandant de la garnison veille au maintien de l'ordre et de la discipline parmi les malades et les militaires détachés à l'hôpital ; il a le droit de contrôle sur toutes les branches de l'exploitation.

ARTICLE IV. Ce contrôle s'exercera dans les conditions suivantes :

1° Toutes les fois qu'un inspecteur, médecin général ou officier de l'intendance aura mission de procéder à l'inspection de l'hôpital, il devra se présenter chez le commandant de la garnison, et ce dernier appréciera dans quelles limites il devra lui-même participer à l'inspection. Le commandant de la garnison apposera son visa sur les procès-verbaux d'inspection.

2° Le commandant de garnison devra, de temps en temps, procéder lui-même à des inspections de l'hôpital et s'entendre avec les autorités compétentes pour faire disparaître les inconvénients qu'il aura pu constater à cette occasion, lorsque son autorité personnelle n'aura pas été suffisante pour arriver à ce but.

3° Le médecin en chef devra fournir au commandant de garnison, si ce dernier le juge nécessaire, un rapport journalier de la situation de l'hôpital, et l'informer des faits importants qui pourront se présenter.

4° Dans les cas extraordinaires et vu l'urgence, le commandant de la garnison, usant des pouvoirs qui lui sont confiés par l'article 114 du règlement sur les hôpitaux de paix, prendra, suivant les circonstances, toutes les mesures qu'il jugera nécessaires et utiles.

ARTICLE V. Le commandant de la garnison peut désigner, pour les hôpitaux de la garnison qui reçoivent les malades de différents corps de troupe, un officier chargé de le seconder dans le maintien de la discipline parmi les malades et les militaires employés à l'hôpital, aussi bien que dans la défense de leurs intérêts. Cet officier jouira, pour ce service, des pouvoirs d'un commandant de compagnie non détachée. Ses rapports avec le médecin en chef restent ceux définis par les articles précédents, mais il devra prévenir immédiatement ce dernier de toutes les punitions qu'il aura cru devoir infliger à des militaires ou malades de l'hôpital.

ARTICLE VI. Pour les lazarets spécialement affectés à un seul corps de troupe, le commandant de ce corps est investi des fonctions et des droits précisés par l'article précédent.

ARTICLE VII. Les commandants de corps de troupes conservent les droits établis par les articles 111, 112, 115, 166 et 167 du règlement sur les hôpitaux de paix, mais chaque fois qu'ils auront inscrit une observation sur le journal de l'hôpital, ce document devra être soumis au visa du commandant de la garnison.

ARTICLE VIII. Les fonctions de médecin en chef d'hôpital sont conférées par le commandant en chef du corps d'armée, sur la proposition du médecin général ; avis en est donné au médecin en chef de l'armée. L'ordre de service spécifiera si le médecin en chef doit prendre la direction d'un service de malades ; en principe il en sera dispensé dans les hôpitaux comprenant au moins cent lits. Néanmoins il sera tenu compte, à ce sujet, des désirs exprimés par le médecin en chef.

ARTICLE IX. L'ancienneté doit être en général le principe qui détermine le choix du médecin en chef ; dans les hôpitaux comprenant des médecins de grade et de classe différents, le médecin en chef devra être le plus ancien de la classe la plus élevée. Lorsqu'il n'y a dans la garnison qu'un seul médecin militaire, il sera de droit médecin en chef,

mais le médecin qui se trouverait dans cette situation n'échapperait pas par ce fait à l'autorité du médecin-major du corps de troupe.

Article X. Dans le but de laisser le plus longtemps possible les médecins en chef en possession de leur emploi, on évitera autant que possible de faire des mutations. Lorsqu'une mutation temporaire ou définitive sera nécessaire, le commandant en chef, sur la proposition du médecin général, pourvoira au remplacement. Si le médecin en chef quitte momentanément le service, pour raison de santé ou autre, il est remplacé par le médecin qui lui succède immédiatement sur la liste d'ancienneté.

Article XI. Le médecin en chef a commandement sur le lazaret; il est le chef hiérarchique de tout le personnel médical, militaire et administratif. Le personnel lui doit obéissance absolue. Le médecin en chef dispose, à l'égard du personnel médical, des aides de lazaret et des infirmiers militaires, des pouvoirs du commandant d'une compagnie non détachée. A l'égard des agents administratifs et des pharmaciens, il est investi du droit d'avertissement, de blâme et d'amende (jusqu'à 3 thalers).

Dans le cas de négligences graves ou de refus d'obéissance de la part du personnel placé sous ses ordres, le médecin en chef peut provisoirement suspendre de leurs fonctions les coupables, lorsque du reste il serait dangereux d'ajourner la répression. Il rendra compte immédiatement de ces faits à l'autorité supérieure.

Les articles 553 à 557 du règlement sur les lazarets de paix restent en vigueur pour tout ce qui concerne les infirmiers non militaires.

Lorsque le médecin en chef croira nécessaire d'infliger aux pharmaciens ou agents administratifs des punitions plus élevées que celles que le présent article lui donne le droit de prescrire, il devra les demander aux autorités supérieures (médecin général, intendance).

ARTICLE XII. A son entrée en fonctions, le médecin en chef prend charge de l'hôpital et de ses dépendances; le procès-verbal de cette opération mentionne l'état dans lequel se trouvent les objets portés sur l'inventaire. L'intendance ne prend pas part à cette opération, à moins que la présence d'un agent de ce service ne soit réclamée sur le procès-verbal, qui, dans tous les cas, devra être adressé à l'intendance.

En cas de mobilisation, de changement de garnison, etc., l'autorité militaire provinciale prendra les mesures nécessaires pour le licenciement ou la conservation du lazaret.

ARTICLE XIII. Le médecin en chef est chargé d'organiser les divisions de malades conformément aux ordres du médecin général; il y répartit les médecins traitants.

Dans le cas où le médecin en chef ne conserve pas la direction de la pharmacie, il la confie à l'un des médecins les plus anciens parmi ceux qui ne sont point en possession d'une division de malades ; néanmoins, la direction de la pharmacie peut être cumulée avec une division de malades. Le médecin en chef exercera dans tous les cas la surveillance du service de la pharmacie.

Pour tous les faits de service général, les médecins traitants doivent obéissance absolue au médecin en chef, mais ils sont indépendants au point de vue du traitement à prescrire à leurs malades respectifs.

Si le médecin en chef croit devoir donner un ordre relatif au traitement d'un malade, dans un cas qui ne comporte aucune temporisation, il en prend dès lors toute la responsabi-

lité et doit en adresser communication écrite au médecin
traitant.

Le médecin en chef est le supérieur hiérarchique immédiat
des médecins traitants pour tout ce qui concerne leur service
au lazaret. C'est par son intermédiaire que doivent parvenir
à l'autorité supérieure tous les rapports, comptes rendus, etc.

ARTICLE XIV. Le médecin en chef a l'obligation de répon-
dre immédiatement aux demandes de consultations qui pour-
raient lui être adressées par les médecins traitants pour les
malades de l'hôpital.

ARTICLE XV. Les médecins traitants sont désignés par le
médecin général du corps d'armée.

ARTICLE XVI. Les médecins assistants attachés aux divisions de malades sont subordonnés aux médeins traitants
et, comme ces derniers, au médecin en chef pour tout ce qui
concerne l'exécution générale du service ainsi que dans les
cas prévus par l'article XIII. Les médecins assistants sont
directement subordonnés au médecin en chef pour le service
de garde.

Le médecin général attache à chaque hôpital le nombre de
médecins assistants qu'il croit nécessaire; le médecin en
chef les répartit dans les divisions de malades. Il en est de
même des aides de lazaret et des infirmeries.

ARTICLE XVII. Dans les lazarets auxquels ne sont point
attachés des employés soumis au cautionnement, le médecin
en chef conserve l'entière responsabilité de toute la partie
administrative de la gestion; lui seul a des comptes à rendre.
Les fonds sont, dans ce cas, déposés à la caisse du corps de
troupe dont relève le lazaret.

ARTICLE XVIII. Dans les lazarets auxquels sont attachés
des employés soumis au cautionnement, le médecin en chef

est déchargé du détail de la gestion, mais il est responsable de l'exactitude du nombre des hommes existants, en tant qu'une erreur peut être imputable à un manque suffisant de contrôle ou à des dispositions administratives insuffisantes.

Dans ces hôpitaux il est constitué une *administration de caisse et d'exploitation*. Elle se compose des deux inspecteurs les plus anciens si l'hôpital renferme plusieurs inspecteurs, mais s'il n'en existe qu'un, il demeure chargé de l'administration de la caisse et de l'exploitation. La conservation des fonds continuera à se faire suivant l'article 413 du règlement sur les lazarets de paix. Lorsque les employés prennent charge de la gestion de la caisse, la remise se fait en présence du médecin en chef; procès-verbal de cette opération est dressé et envoyé à l'intendance.

La présence d'un membre de l'intendance ne sera nécessaire que dans le cas où le procès-verbal y donnerait lieu d'une manière particulière.

ARTICLE XIX. Un règlement ultérieur fera connaître les conditions du cautionnement des employés de lazaret.

ARTICLE XX. L'administration de caisse et d'exploitation doit, en dehors du service de la caisse, remplir les fonctions déterminées par les paragraphes 1 à 7 de l'article 72 du règlement sur les lazarets de paix. Elle doit donner suite immédiate aux ordres du médecin en chef; lorsque les employés administratifs croiront ces ordres contradictoires avec les règlements, ils lui en feront la remarque et attendront sa décision. Faute de prendre ces mesures, l'employé partagerait avec le médecin en chef la responsabilité des actes irréguliers. Dans le cas où des représentations auront été adressées au médecin en chef, il sera dressé procès-verbal de cette déclaration, qui contiendra les motifs pour lesquels l'employé doit protester contre l'ordre reçu; le médecin en chef signera cette pièce. Tous les faits de ce genre seront portés sur un registre spécial soumis au médecin général du corps d'armée ainsi qu'à l'intendant, lors de leurs inspections. Au besoin ils pourront être relatés sur les procès-verbaux d'inspection.

Dans les cas de discussion entre le médecin en chef et l'administration, cet officier pourra demander une solution à l'autorité supérieure ou lui rendre compte que, vu l'urgence, il a cru devoir prendre une mesure qui ne comportait pas d'ajournement.

ARTICLE XXI. La correspondance afférente à la gestion est d'abord préparée par l'administration de caisse et d'exploitation, puis soumise au médecin en chef, qui, après l'avoir examinée, l'expédiera s'il y a lieu.

Les marchés et contrats ne peuvent être passés qu'en présence du médecin en chef, qui, à cet égard, veillera à ce que l'on observe le règlement. Le procès-verbal en portera notice, ainsi que des observations que cet officier aura pu faire. Les marchés ne peuvent être passés sans le consentement du médecin en chef, et ce consentement devra être formellement énoncé dans chacun des exemplaires qui en seront dressés.

L'administration de caisse et d'exploitation prépare la comptabilité et la clôture des comptes ; le médecin en chef les arrête de concert avec elle, et les pièces sont adressées à l'autorité compétente.

L'administration est en outre chargée des travaux de révision et de réponse aux notes adressées par l'autorité supérieure ; le médecin en chef prend part à ces opérations.

ARTICLE XXII. Dans les lazarets où l'administration de caisse et d'exploitation comprend deux employés, l'inspec-

teur de lazaret en chef a la direction des deux branches de
la gestion. Pour l'administration de la caisse, les deux employés ont la même responsabilité, en ce qui concerne la
sûreté de la caisse, les payements, l'encaissement des sommes
perçues et l'observation des règlements relatifs aux avances
et aux dépôts. L'inspecteur de lazaret en chef assure le
service de la caisse et de la comptabilité en conformité des
règlements. Les deux membres de l'administration de la
caisse ont chacun une clef de la caisse, l'inspecteur de lazaret en chef en a deux, si la caisse est munie de trois ser-
rures.

L'intendance du corps d'armée règle pour le reste, après
avoir pris l'avis du médecin en chef, le service de l'administration de la caisse et de l'exploitation, et répartit entre
les membres de l'administration les divers travaux de comptabilité, en affectant une part déterminée de ces travaux au
troisième employé, s'il y en a un.

ARTICLE XXIII. Pour tout ce qui est relatif à l'administration de caisse et d'exploitation, les employés sont respec-
tivement responsables du service qui leur est affecté. Si
l'administration comprend deux employés, ils sont solidaire-
ment responsables de tout déficit de la caisse et de toute
erreur résultant de l'inobservation des règlements qui, d'a-
près l'article XXII, leur incombent en commun. Pour tout
le reste, chaque employé est responsable dans sa sphère
particulière d'activité. Pour tous les actes entraînant la
responsabilité pécuniaire solidaire, l'autre employé n'est
responsable que lorsqu'au moment du contrôle à exercer
par l'inspecteur de lazaret en chef, une omission peut lui
être imputée.

ARTICLE XXIV. Le médecin en chef est chargé de sur-
veiller le service des employés dans tous les services. Il or-

donne les dispositions à prendre relativement à la gestion, dans les limites des pouvoirs attribués jusqu'à présent aux commissions de lazaret; le cas échéant, il soumettra ses propositions à l'autorité supérieure, soit au moment des inspections, soit autrement. Il veillera à ce qu'on apporte en toutes choses l'économie nécessaire et que les dépenses inutiles soient évitées. Il a pour cela le devoir de se convaincre de la nécessité de chaque dépense.

Il veillera à l'entretien des bâtiments, du mobilier et à un judicieux emploi du matériel et des denrées; il devra constater l'urgence des mesures à prendre au sujet des constructions, des acquisitions de mobilier, de matériel ou de denrées: il vérifiera la bonne qualité de ces articles et certifiera qu'il a satisfait à toutes ces obligations en inscrivant son attestation au bas des pièces comptables.

ARTICLE XXV. Le dernier jour de chaque mois, le médecin en chef devra procéder, dans les formes prescrites par l'article 498 du règlement sur les lazarets de paix, à une vérification de la caisse. Il établira, au moyen des pièces comptables, la situation telle qu'elle doit être, et comparera cette situation aux en-caisse existants. La clôture des comptes est adressée chaque mois à l'intendance.

Il sera procédé à une vérification extraordinaire de la caisse toutes les fois qu'elle a pu subir un dommage à la suite de vol, incendie ou autre événement extraordinaire. Le procès-verbal de vérification contiendra, s'il y a lieu, l'évaluation de la perte; il sera adressé à l'intendance. Le médecin en chef prendra, suivant les circonstances, les mesures urgentes pour faire rentrer les sommes absentes, si la chose est possible.

Le médecin en chef pourra en toute circonstance procéder à une vérification extraordinaire de la caisse, en donnant avis de cette mesure à l'intendance.

ARTICLE XXVI. Le médecin en chef partage avec les employés de l'administration la responsabilité des déficits qui peuvent se produire, en vertu du contrôle qu'il exerce sur leur gestion. De même il a la responsabilité des mesures qu'il a prises soit isolément, soit de concert avec les employés de l'administration.

ARTICLE XXVII. En raison des modifications apportées par les articles précédents au service des lazarets, les imprimés de comptabilité porteront à l'avenir, au lieu de l'indication : *La commission de lazaret* :

1º Dans les lazarets où existe une commission de caisse et d'exploitation : *Le médecin en chef et l'administration de caisse et d'exploitation.*

2º Dans les autres : *Le médecin en chef.*

ARTICLE XXVIII. Toutes dispositions antérieures contraires aux présentes sont et demeurent abrogées.

Les dispositions nouvelles sont applicables aux lazarets de paix et aux lazarets de réserve établis en temps de guerre, lorsqu'à la tête de ceux-ci se trouvent des médecins du service actif ou rappelés à l'activité.

Dans les autres, les dispositions de l'ancien règlement restent applicables.

Berlin, 1er octobre 1872.

Le ministre de la guerre,
Signé : Comte DE ROON.

Lorsqu'en 1869 le gouvernement prussien réorganisa le service de santé de son armée, il confia aux médecins la direction absolue et le commandement des ambulances, des hôpitaux de réserve, des trains sanitaires; il réserva seulement la question au point de vue des hôpitaux permanents de l'intérieur. Cette transformation aurait en effet amené des changements considérables dans les règlements concernant la comptabilité, l'économat, etc... La Prusse, prévoyant une guerre prochaine, voulut apporter d'abord toute son attention sur le service en campagne, laissant momentanément un peu de côté ce qui a trait au service en temps de paix. Les hôpitaux militaires continuèrent donc à être régis par les *commissions de lazaret*, instituées en 1852, composées d'un délégué du commandement, d'un médecin, et comprenant en outre, dans les grands hôpitaux, un agent administratif (*inspecteur de lazaret*) et un second officier du commandement. Dans cette commission, chaque membre dirigeait individuellement les services afférents à sa spécialité : l'officier maintenait l'ordre et la discipline, le médecin surveillait le service médical, l'hygiène, l'alimentation, l'agent administratif veillait à l'entretien du matériel et de la comptabilité, et pour les questions générales, la commission délibérait et agissait collectivement.

L'organisation de 1852 était déjà un progrès réel ; elle ne répondait pas cependant aux vœux de la commission réunie en 1867 pour étudier la réorganisation du service de santé militaire, et qui réunissait toutes les célébrités de la médecine civile et militaire. Aussi le gouvernement allemand, après avoir, pendant la dernière campagne, pu apprécier les avantages du fonctionnement des hôpitaux de guerre sous la direction de médecins, résolut-il de généraliser la mesure en publiant l'instruction que nous venons de donner *in extenso*.

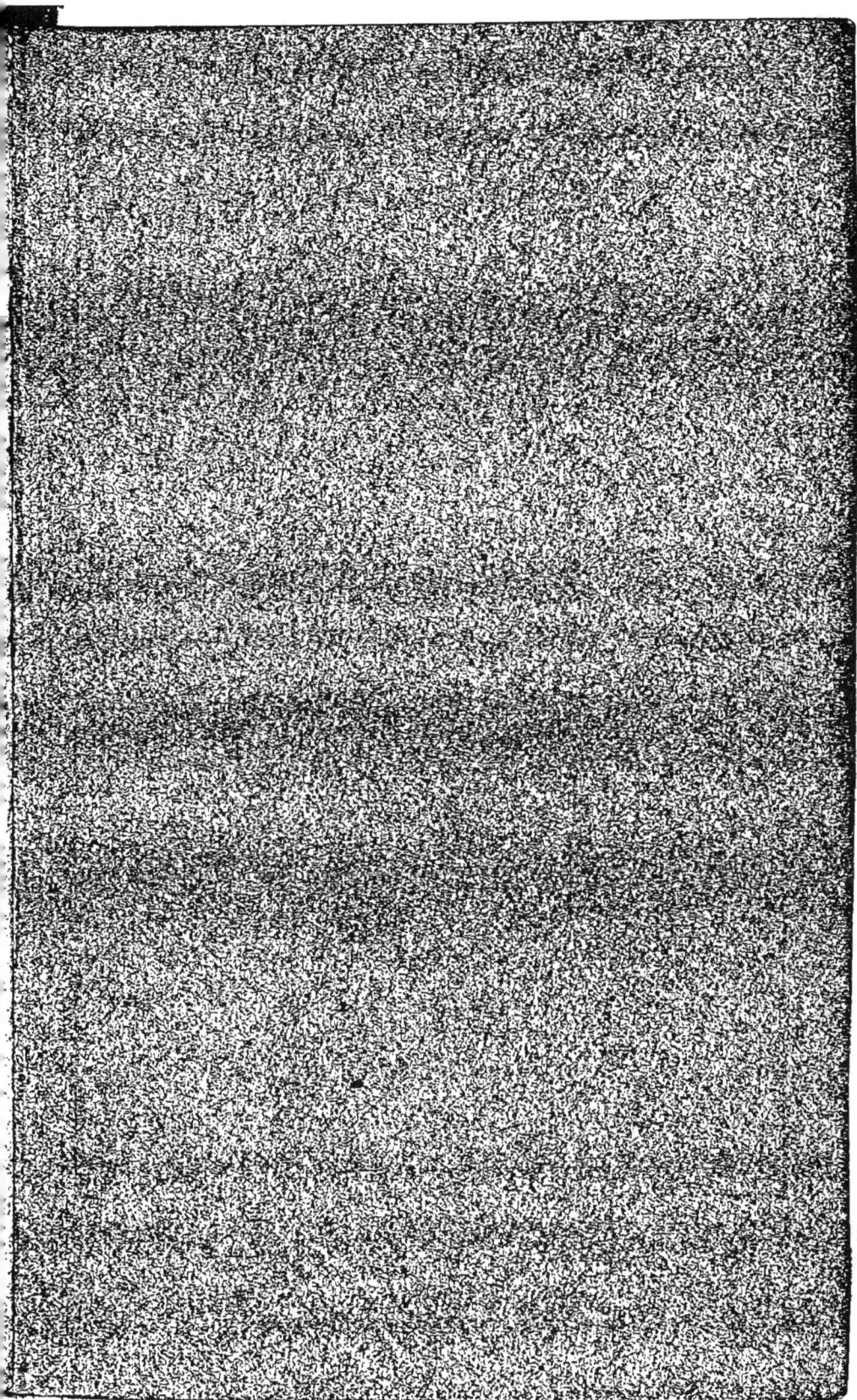

www.ingramcontent.com/pod-product-compliance
Lightning Source LLC
Chambersburg PA
CBHW070745280326

41934CB00011B/2804